I0369911

www.ingramcontent.com/pod-product-compliance
Lightning Source LLC
Chambersburg PA
CBHW021132080526
44587CB00012B/1243
* 9 7 8 1 7 3 9 1 9 0 2 2 4 *

# أُناديكَ فَيرتَّدُ الصوت

نجيبة مرقدة

**نجيبة مرقدة** وُلدتْ في مدينة دمشق القديمة، حَيّ طالع الفضة في منطقة مدحت باشا، حصلتْ على إجازة في التجارة والاقتصاد من جامعة دمشق، عملتْ كمبرمجة ومحلّلة أنظمة في وزارة المالية السورية (١٩٧٩ - ١٩٨٧) وتابعت عملها مع منظمة "إيكاردا" الدولية حتى عام ١٩٨٩ثم تزوجت وانتقلت إلى إيرلندا وبعدها إلى بريطانيا حيث عملت في مجال تعليم اللغة العربية للأجانب حتى عام ٢٠٢١.

كان لمدينة دمشق الأثر الأكبر في حبها للأدب وتأثرها بجماله كما أن عملها معَ المنظمة الأهلية الإنسانية "أسرة الإخاء السورية " منذ تأسيسها ترك بصمة في مسيرتها على الصعيد الإنساني والشخصي.

نُشِرَ كتابها الأول في اللّغةِ الإنجليزية "No rush " عام ٢٠٢٢.

| | |
|---|---|
| الشوق............................................... | 7 |
| أماكن.............................................. | 17 |
| لحظاتٌ ولقاء................................. | 29 |
| ذاكرة........................................... | 39 |
| حَريرٌ ورَذاذ................................ | 53 |

# تحية

ـ صباحُ الخير
قُلتَها في لغتي
ورفَّت عيناكَ في حياء.
أجَبتُك بتروٍ
ـ صباحُ الفُل.

# الشوق

الاشتياق، التَلَهُّف، التَوْق، الحَنِين، الرَغْبَة، الشَهْوَة، الصَبابَة، الصَبْوَة، اللَهْفَة، المَحَبَّة، المَوَدَّة، المَيْل، النَزْعَة، النُزُوع، الهَوى، الوَجْد، الوَلَه

# نشوة

أُحِب تفاصيلكَ الدقيقة
حين تَزمّ  شفتيكَ لأنكَ تبحثُ عن كلمة
حين تَلمُسُني بِرفقٍ وتُزيح ستاراً حبكتُهُ
وحين أركُن وجهي بين طيور كَفيك
وحين تحتضنُ حزني فَتهرّ دموعي.

أراكَ في تنهيدةِ قلبي وفي ألواني
أدغدغُكَ وأَنقِّبُ عن كلّ الرغبات
رغبة التقبيل حتى الذوبان
رغبة الحضن حتى يغيب الوعي
رغبة اللمس حتى التماهي

تحبَلُ الارضُ بنا كَبوتقةٍ واحدة
نفيضُ فرحاً ونتألق
تَهتزُ الارضُ بما فيها
تتدفقُ براكينها ولا تتوقف.

## شغف

في مقهى للحبِ انحنى رجلٌ وقال لها: هذا لكِ
ووجدَ غِبطتَه في فرحِ عينيها.

***

لمسَ رجلٌ كتفَها بأناملِه وحين أزاحَها
شاهدتُ بَصماتِه الدافئة حين غادَرَتْ الى القطار.

***

همسَ رجلٌ التَقيتُه في مكتبٍ: سأفاجئُها وهي لا تعلمُ بعد
وحين استرقتُ النظرَ شاهدتُها حبيبة في عينيه تسكن.

***

قال لي رجلٌ يبيعُ التفاحَ في محطة صغيرة:
سنذهبُ معاً لِبدء مشروع

وأطلتْ هي من بين كلماتِه تُحضّر الحقائبَ.

# موجة

كنا غريبين نَتوقُ لوطنٍ لفظنا
ركضتُ نحوكَ وفي حبائلِ ضحكتِك وقعت
غَدى حِصني الحجريّ رملاً هشاً
وفي رحلةِ النور معكَ تألقت.
كم يرتاحُ قلبي مَعَ هذا الأُفقِ الممتدِ
وكم يترنحُ على أمواجِه.
أتذكرُك هذا المساء على شاطئٍ أزرق في سكونِه
ويطغى صوتُ الأمواج ويذيب ضجة المكان.
كأمواجِ المدِّ والجزّرِ أنت
تزحفُ رويداً وتجتاحُني ثم تَنسحبُ برهافةٍ مع
الموجة
تاركاً فراشاتٍ ليليَّةٍ عابرة تُذكِرُني بك.

# اليكَ.... ولِذكرى لحظة العبور

وتَخبِطَ بيديكَ المتعبتين من غبارِ الزمن على أبوابِ السماوات وتَنوح
اِختبأتَ في غاباتٍ من أثوابِ أمِك حين غادرتَ في جُنحِ الليل
وجنى الموت ثدييها المليئين بحليبٍ وأحلام.
هاجَرتَ وما بَدأتَ نَسجَ جذورٍ لَكَ
تتوق لنسمةٍ تنكشُ ذكرياتٍ شحيحة
وقطراتِ ندى تَردُم شرخَ التصحر.
يُغذّي سِنديانةَ وَحدتِكَ التِحامُكَ العقيمُ مع العالم.

تجتازُ مداري لوهلةٍ، جميلٌ أنت أتدري؟
تدنو مني فأنا تَعويذةٌ تقيكَ من ألمِ تكوينِك
ونغمٌ يُهدِّئُ صخبَ حركتِك اللولبية.
تمتدُ عيناك إليَّ ولا تصل
تَتَشبَّثُ أناملكُ بحُلمَتي وتذوبُ إلى غبار
وفي لحظةِ ما قبلَ النشوةِ تنزلقُ ناشداً احْتِلام صبي.
أُبعدُك عني قليلاً لأَعُدَّ نجوماً في عَينَيك
وأُبعدُكَ أكثر كي لا أستنشقَ عذابَك.

في ضبابٍ صباحيّ تَنام وفي عَتمةٍ قاحلةٍ تختفي.

مُسَّ يدَها كأنكَ تحملُ الندى عنها.. واِنتَظْرها
"محمود درويش"

# انتَظرْتُك

انتظرتُكَ وتعبتُ من الانتظار
وتمرُّ الليالي
لا أنتَ تأتي
ولا أنا أنام.

ذابَ قلبي مع مطر الصباح
وفقدَتْ عيوني رَونَقَها

انتظرتُك في الغرفةِ وفي محطةِ القطار
في مقهانا الصغير وفي لياليَّ الجائعة.

انتظرتُ خَفقَ نبضِك تحتَ مَسامي
في لهيبٍ أوقدَ نفسَه.

كم يؤلمني أن أداري رغبةً وشوقاً يَسْري في شَرايِيني
كم أنا حزينةٌ هذهِ الليلة وأنتَ لا تدري
كم أنا ضائعةٌ هذه الليلة ورادارُك لا يلتَقِطُني.

# هل تبقى قليلاً

على حائطِ البيتِ المهملِ تنزلقُ الذكريات
على درجٍ يقودُ للهلاكِ ترقصُ الأقدام
أحضنُ بيدين كلّ ما أملُك
نجاحات....
ضَحك ومشاوير....
ملابس زاهية.....
حقيبة غزَلٍ تَلقَفتُها عبر السنين....
قبلات مسروقة ووعود فارغة.....
أَحملُهم وبقلبٍ ثقيل... أمنحُهم لأَيِّ عابرِ سبيل

ـ خذهم لا أحتاجُهم عندي الكثير ....
كرسيّ
سرير
فنجانٌ وصحن
كتاب
صورة
قلم ودفتر
نافذةٌ تُطلُّ على النهار
وبابٌ وهمي.

يحضُنُني فراغٌ شاسعٌ وصدى جدرانٍ تعوي
في خواءٍ يتمدد
يحطُ ويتقلب
يتجملُ ويقهقه
في فراغِ لحظة...
كل ما أَحتاجُهُ ... أن تبقى قليلاً
هل تبقى قليلاً؟

# أماكن

# مكان ١

**هُو**

في شقةٍ يتسربُ النسيانُ إليها، جلسَ رجلٌ يتناولُ الفطورَ وحولَهُ سكونٌ يتقاطعُ مع حركةٍ خفيفةٍ كصَدى قَرقعةِ الملعقةِ في فنجانِ الشاي وصوتِ مَضْغِ قَضْمَةَ الخبزِ ببطءٍ، كان سكوناً يتوقُ إليهِ قبلَ أن يبدأَ يومَه.

***

**هِي**

وصلتْ مساءَ أمس وشَغَلَها رمزُ الدخول إلى المبنى والبحثِ عن شبكةِ الإنترنت في مكانٍ لم تَألَفْهُ بَعدْ، فتحت الشباكَ قليلا، اِسْتَرَقَت النظر، كانَ هناكَ رجلٌ عاري الصدر يَنْفُخُ دخانَ سيجارته في الهواء، تَوَقَفَ المطر لِلحظة وتَرَنَحَتْ شجرةٌ، نَظَرَتْ إلى عصفورٍ تَتَرَجى سماعَ تغريدِه ثم عادتْ الى تناول الفطور.

***

## هُما

عادَ زوجُها من عملِه مساءً وجَلَبَ معه اللحم المقدد الشهي وكان عليهما تَناوله مع كأس من البيرة،
إكتَفَت بِجُرعَة من البيرة ثم اِلتَفَتتْ اليه:
-لا تُسْرِف في الشراب!
هَزَّ رأسَه موافقاً وتابعَ مشاهدة التلفاز وشرب البيرة.

## مكان ٢

أجلسُ كزائرةٍ تتفحصُ أواني دقيقةَ الصنعِ في مزاد
تأتي هي في عجلةٍ من أمرها وتجلس
تترصدُ أيَّ كلمةٍ مارة
تلتقطُها وباستهزاءٍ تُلقيها كَنفاية ثم تبتسمُ بعصبية
ترصدُ، تلتقطُ، ترمي
وأخيراً ترحل
ويأتي بطيفِهِ الخفيف مبتسماً، نادلٌ لطيفٌ.

# مكان ٣

جَلسنا أنا والموسيقى وهدوءُ وحْدَتي في ظلِّ ضوءٍ
خافتٍ يغسِلُ غُبارَ الضجَّة.
تذوبُ النوغا في فمي مع آخرِ رَشفَةِ قهوة
ما أجملَ عشاءي اليوم في مطعم اللقاء!
تتساقطُ قطراتُ المطرِ متلألئةً بِخِفَةٍ على النافذة
لا الضوء زاوَجَها ولا المساء أخْفاها.
أتنشقُ نسائِمَ المساءِ الشَتَويّ البارد
وبخطوات صغيرة كقامتي أُغادر.

## مكان ٤

حينَ يزحفُ الليل ببطءٍ في غرفةِ فندق
أُجَهِّز ما أَحتاجُ اليه غداً للعمل
أَركنُ قِناعي
أَستخرجُ وِعاءَ داخِلي
أُفرِغُهُ من شوائبِ حزن
أستلقي وأنام.

# مكان ٥

سماءٌ تَضُجُّ بألوانٍ صاخبة وغيمٌ يزحفُ بحزنٍ يَشوبُه
خيوطُ ضوءٍ تفيضُ وتَخَبِطُ بين الحلمِ واليقظة.

صخبٌ يوميّ مازالَ يَنْتَفِضُ في مَهدِه حولَ الغرفة

يرنُّ مُنَبِهُ ساعةٍ يُنَشّطُ الوقتَ والعواطفَ والانسياب.

## مكان ٦

فـي عَتمَةٍ صباحيَّة
أُقاتِل شياطينَ الغُبار
وكلَّ قبيحٍ يَسبَحُ في فضائي
أَجْرُفُ مياهً راكدَة من ثقوبِ ذاكرتي
ثم أعود.

# المَعرَّة *

ألبسُ بِنطالاً، قميصاً، حذاءً وأخرج الى الفضاء.

تَمتَدُّ كُرومِ العنب على مَدِّ النظر، تَحضُنُ أغْصانُها تُربةً جافةً وتَركُنُ أوراقُها الخضراء على عناقيد ستَنشرُ الفرَح والنشوة.

أَبدأُ المشي ثمّ الركض، أُريدُ أن أَبْلُغَ تلك الأشجار البعيدة - أشجار الصفصاف الهفهافة قبل أن أَصلَ الى الحقلِ حيث ماءٌ وظلٌ يَقيني ونعناع يمتدُّ قربَ الماء بعِطرِهِ ولونه الأخضر.

أُسْرِعُ فالشمس لا تَرْحَم، تَتَعَثَّرُ قدماي بين شهيقِ وزفيرِ هذه الأرض، نسمة خفيفة للغاية تَتَسرَّبُ وتُداعِبُ شَعري، تُدَغدِغُني في هذا السكونِ المرئيّ، حفيفٌ خفيفٌ يَسرِقُ الصمتَ لِلحظة.

أَقفِزُ... أَمْشي... أَركُض. أَصِلُ الى الحقل وتَغلِبُني السكينَة، أَجلِسُ تحت شجرةٍ، أُحِسُّ قَطراتِ العَرَق على راحتي وأَمسَحُ وجهي، يَتغيَّرُ مَوقعُ ظلّي، أَرتاحُ قليلاً وأُعِدُّ نفسي لرحلة العودة.

*مَعَرة صيدنايا: بلدة تقع الى الشمال الشرقي من مدينة من دمشق.

# بركان

جاءَ نهارٌ آخر
مازالَ البركانُ يَنفُثُ سيجارته ويُغَيّبُ دخانَه في غيمة.

- عملاقٌ لطيفٌ لا تخافي، قالتْ عاملة الفندق
- لا أخافُهُ، أجَبْت.
أراقِبُهُ، أناديهِ، أناجيهِ، أحاورُه.

أنا هنا وأنت هناك
بيننا وادٍ، جبلان وهضبة
تتمددُ بجمالية وتتنهد.
على ردائك تمتدُ شرايين حياةٍ وكنوز.

أَرْمُقُكَ بِدفءٍ من شرفةِ غرفةٍ صغيرة
في فندقٍ شاخَ ولم تَلمُسْه بَعد
أَجِدُكَ مساحةً لموت يَترَصدُني
أُغيّرُ ردائي، أُغيّرُ رأيي، أُغيّرُ الموسيقى
تقتربُ مني وتدعوني لِلرقص
أَنتَشي وأختَبِئُ مِن فرحي.

# لحظاتٌ ولقاء

# لقاء ١

في زحمةِ يومٍ عادي خرجتْ مسرعة إلى محلٍ مجاورٍ لشراءِ سندويشة او سلطة، الخدمة بطيئة، ولكن الطعام جيد ـ هذا جزءٌ من روتين يومي يتدخلُ في أحلامِ يقظتِها ويدفعُها إلى اتخاذ فعل ما مثل النهوضِ من الفراش وحمامٍ صباحي ووضعِ الماكياج والاستماعِ الى الموسيقى والذهابِ الى العمل ـ دخلتْ الى المحل وحَيَّتْ الجميع وتَلَقَفَتَها العيون وحيّتها، التفتتْ ورأتْهُ وهو يضعُ الخبزَ الذي اشتراهُ في حقيبةٍ قماشية.

-أَتَشتري الخبزَ من هنا دائماً ؟،سألتْه.
-نعم أجد الخبز الآخر رديئاً، أجاب.

تحدثا لوقتِ قصير وقبل أن يَختفي الطيف تبادلا الأرقام كي يُتابعا المحادثةَ اليومية. كتبتْ له وجاء ردُه وتمَ اللقاء. هي خرجتْ سعيدة وهو خرجَ في عجلة فقد كان بانتظار مكالمة.

وفي يوم آخر كتبتْ له: صباح الخير وجاءَ الرد سريعا، "عليّ التحدث معك" وجاءَ الموعد.

قال لها أنت جميلة وحضنَ وجهها الرقيق وطبعَ قبلةً على شفتيها، قضيا يوماً مختلفاً وفي نهاية الموعد اِنحنى لمعانقتِها وضَمَّتْهُ بِلهفةٍ وشوق وقال لها شكراً.

حزمتْ تفاصيلِ قِصَتِهم في ذاكرتِها وفَرَشَتْ أحزانها على سجادة عجمية وبكتْ.

خطرَ في بالها ذات مساء، فأرسلتْ له تقول: أفكرُ بِكَ هذا المساء انتظرتْ ولم يأتِها الرد، النهاية.

# لقاء ٢

اِجتاحتْها الرهبةُ وهي تقتربُ من المكان، تأكدتْ أكثرَ من مرة أنها تبدو جميلة وأكدَّتَها عيناهُ حين شاهدَها، عملُهُ كانَ أولَ ما تحدثَ عنهُ وهي في تَلبُكِها وضعتْ قصةً مماثلة عن عملِها.

بَسَطَ تاريخَ عائلتِه على الطاولة وتَلقَفَتْه بِرضا، اختارَتْ المختصرَ المفيد في روايةِ قصتها.

تَلَكَأتْ المحادثة بين عملِه وقلقِها ثم اِنجلَتْ غيمةٌ كانت تُظللِ المكان وسادَ هدوء.

رَكَنَتْ عيناها على وجهِه تستمعُ إليه ولاحتْ عليه غبطةٌ أخفاها بِابتسامةٍ ثم نهضا.

كتبَ لها تلك الليلة لقد استمتعتُ بصحبتك وكَتبتْ له شيئاً مشابهاً لذلك.

تناثرَ هذا اللقاء كورقةِ خريفٍ وبقيَ ذلك المقهى الجميل الذي تُظللُهُ أشجارٌ تحنو عليه ينتظرُ ولادةَ لقاءاتٍ جديدة.

# لقاء ٣

في قطارِ الساعةِ السادسةِ إلا ربع مساءً وأثناءَ بحثهِ عن مقعد ابتسم عندما رآها ولسبب لا تعرفُهُ ابتسمت له.

- ما أجملَ عينيها، قالَ لنفسه.

- ما أجملَ تقاسيم وجهه قالت لنفسها.

جلسا في الجهةِ المعاكسةِ لبعضهما، كان الممر بينهما مزدحماً بالركاب وكان الضجيجُ يملأُ المكان. اِلتَفَتَ كلٌّ منهما الى شُبّاكه وحين توقفَ القطار جمعَ حوائجَه ثم نظر بطرف عينيه وابتسم وفي تلك اللحظة اصطادتْ ابتسامته وابتسمت.

غادرَ القطار وتابعتْه بعينيها من خلال شباكها حتى غاب، في عجلتِه ألقى نظرة خاطفة نحوها وكانتْ الابتسامة ماتزال على وَجهِها.

# ليس اليوم

مرحباً
صوتٌ انتَشَلَني من حَيرتي والتَفتُ إليك
بدأنا نتحدث وأخبرتني عن اسمكَ وبعض التفاصيل
سألتني عن نفسي فأَجَبتُ بِاقتضابٍ وابتَسمْت
حَدّثْتني عن بلدِك وأختك
أحنيتُ رأسي قليلاً واقتربتُ
فصوتك هادئ وكلماتُك مرتبة
وعيونُك نائمةٌ على سهلٍ اخضر ترتاحُ من قيظِ الصيف.
وتسألني: هل تسمحين لي بالسير معكِ حين تغادرين؟
- نعم.
وأمشي معكَ ومع عكازةٍ تُخففُ بعضاً من آلام ظهرِك المزمنة وأصِل الى المتجر وأتوقف.
- هل ترغبين بِشرب فنجان شاي في بيتي؟
- شكراً ليسَ اليوم.
- تريدين أن أتابع المشي معك؟
- لا ليسَ اليوم.
- لنتبادل رقَم الهاتف.
- ليسَ اليوم.

تنحني كَظِل شجرة وتُقَبلني على خدي
وكَجروٍ أقتربُ منكَ وأقبلكَ على خدك.

أَضعكَ في دفترِ أشعاري
أضعُ دفتري في حقيبتي
وأتابعُ تناولَ عشاءي
محاطةً بضجيجِ زبائن المطعم.

# الصُحبة

ما أريدُهُ.......
أن أجلسَ وأناقشَ مقبلاتِ المطعم مع الصُحبَة.

أن أتمددَ بِكسلٍ على الاريكةِ بعينٍ نصف مغلقة
أنظرُ الى الأريكة الأخرى بِيقينٍ أنَّ الصُحبَةَ لم
تَبْرَح مكانها.

أن أستفيقَ في الصباحِ أتحسسُ دفئاً اضافياً احتلَّ
حَيِز السرير وعيني على هذه الصُحبَة.

أن ألتفتَ الى المسافةِ القليلة بيننا في المطار لتؤكدَ
لي أن الصُحبَةَ مازالت معي.

أن نشاهدَ فيلماً في السينما والصُحبَةُ تأخذُ مسؤوليةَ
شراءِ البطاقات أحياناً.

أن أثرثرَ دونَ تركيز أو أستمعَ لثرثرةٍ لا تعنيني
غير أنها صوتُ الصُحبَة.

أن أتسوق وعيني تنظرُ إلى الساعةِ وإلى عيونِ
الصُحبَةِ عسى المللُ تسربَ إليها.

أن أجلسَ في القهوةِ وحيدةً لدقائق قبلَ أن تأتي الصُحبَةُ ويبدأ الحديث.

حين أبدأُ الإجازة أتفقدُ حقائبي بعصبيةٍ... والصُحبَة أتفقدُها بطرفِ العين.

تَضمُنا غرفة المعيشة أو الحياة:

أُلفةٌ مريحةٌ معظمَ الوقت ولا شك في ذلك.

مللٌ قاتلٌ بعضَ الوقت مثل سبوت الشتاء.

وحدةٌ تُخَدِّرُها أشباحها ... والصُحبَة وأنا.

## ماري

شاهدتُ ماري في بار تشرب نبيذاً أحمر
لمحتني فابتسمت وقالت:
ـ أتَذَكَرُكِ حين أَمُرُ قربَ بيتك.
(تَظُنُ أني ما زلتُ معَه)
أجبتُ بهدوء:
ـ لم أعدْ أسكنُ هناك.
ـ آه وتابَعَتْ شرب النبيذ.

# لحظاتُ الحياة مشروعٌ آخر

- هل تريدين المزيد من الشاي؟ أسألُها.
- نعم
- أي حلوى؟
- لا!

يتسللُ الوَهنُ بسترةِ صقيع، يمتصُ خليةً بعدَ خليةٍ ونفساً بعد نفس من كيانها ويُرسلُها الى بلادٍ لا معابرَ فيها ولا نوافذاً تطلُ على أحباء. تُبعِدُه عَنها حينَ تسألُني عن أخباري، تُبعِدُه حين تَنهمكُ بالحديثِ عن تفاصيلِ المعالجةِ ومواعيدِ المشفى.

أجلسُ وَمرئِيَةُ الموتِ تَطوفُ: ذُبولُ وَجهِها ورَجَفانُ صوتِها وكَحّةٌ واهِنَة تَتسربُ بين كَلماتِها القليلَة.

- (تَكُحُّ) عفواً آسِفة.

ويَحلُّ صمتٌ قصير ثمّ تَكُحُّ من جديد.

أَطلُبُ ابريقاً آخر من الشاي وأقولُ لنفسي كم سأفتقدُها!

# ذاكرة

## عَيب

خَلعَهُم في عجلةٍ وقَفزَ عَليَّ أنا حُرمَتُهُ وحَلالُه
عَبَثَ بِحِلمَتي وبِعينينِ جائعَتينِ التَهَمَني
ولو استطاعَ لخَلعَ عَني بُيوضي
أَلبَسَني شَيطانَهُ ثم بَصَقَ عليّ
ألبَسَني جُبْنَهُ ثم هَزِأ بي
ألبَسَني ما يَنقُصَهُ لِيُجاري خالَقَهُ
وبازدراءٍ رَمَقَني.

***

أَخلَعُهُم كُلما ألبَسوني إياهُم
أَخلَعُهُم وأَرْميهم من الشباك
اِلبسي عَيب... عَيْبٌ عَلَيكِ
البسي غَطي عُورتكِ
عَيْب... عَيْبٌ عَليكِ
عَيْب... عَيْب... عَيْب...

***

اِربطها بِالسرير قالَ رئيسُ المِرأب
أَعطِها جرعةَ دواء قالَ الممرضُ الجديد
اِحقِنْها بإبرة تَشُلُّ حركتَها قالَ الطبيبُ الذكر
بَخِّرها واضربْها! شيطان مَسَّها! قالَ الشيخ الدجال

***

تَسَللَ الهواءُ الى خصلاتِ شَعري وأَضحَكَني
رَفَعَت النَّسمَة فستاني وكَركَرتْني
بَلَلَ المطرُ النديّ وجهي وأَنعَشَني
سالَ شرابُ الوردِ هنيئاً وفَتَحَ مسامي
وتَلَذَذتُ بِطعم تفاحةٍ حين قَضَمتُها.

## حَسْرَة

تخلعُ حِذاءَكَ وترمي معَهُ غُبار المدينةِ الملوَّثَة، تُلقي بجسدِكَ المُنهك وتَبقى مُتَسَمِّراً على الأريكة البالية، تعبثُ أصابِعُكَ بجهازِ تَحَكُّمِ التلفاز، قلبُكَ يغوصُ في قَدَحِ الحُزن وخَلفَ نظراتِكَ المُتعبة يكمُنُ الظلامُ الذي تخافُه كُلَّ ليلة.

كيف اختفت الموسيقا وتضاءل الفرح؟
كيف أصبحَ فُنجان قهوةٍ أكثر مُتعَةً من مُجالسةِ امرأة؟
وتناول البطيخ الأحمر أكثر شهية من شِفاهِ أنثى؟

أَتَذْكُرُ حين كنت شاباً يافعاً وبدأتْ هِي بالسفرِ إليكَ؟ وجدتما باباً مفتوحاً، وكان الحلمُ طريّاً أخضرَ، كان هناك وقتٌ للتألقِ في الحب والرغبة وإنجاب الأطفال.

ماذا حدثَ بعدَ ذلك؟
كيف تحولتْ هِيَ إلى أُنثى أُخْرى تتحدثُ بِلغةٍ غير مفهومة؟

كيف أصبحَ جسدُها يوحي لكَ بالصقيع في أرضٍ مهجورةٍ؟

في ذلكَ اليّوم حين لملمتْ صحونَ الطعام بعد العشاء التفتتْ ولم تتعرفْ عليك وخلتها أنت شبحاً، في ذلك اليوم كان موتُكما المُعلن، فتحتما الباب وركضتما آملين أن تجدا ما يُنقِذُ الروحَ من الصقيع.

(في هذا الليل الطويل مرت نجمة مسرعة أضاعت طريقها، أوقفها نحيب رجل منطوٍ على أريكة في الظلمة، اقتربَتْ ولَمستْ نافذته فتسرب بصيص نور الى قلبه فرسم ابتسامة باهتة).

# عَنقاء

التَقَطَتْ أُذناي صوتاً رخيماً للحظةٍ واخْتَفى.
لمَسَتْ أنامِلي كتفَ رجلٍ اضْمَحَلَّ لِتَوِه.
إِستَنشَقَتْ رِئَتي رائحةَ شوقٍ غادَرَني في غَفلَة.
أَلْهَتْني ضَحِكاتٌ جانبية خِلْتُها مرحاً.
شَدَّني أنينٌ خِلتُه ألماً وكانَ شهقاً للتَمَلُّك.
رافَقْتُ أقزاماً وقَصَّرتُ عودي.
عاشَرْتُ وَطاويطاً وغادَرَني الفرَح.
رَكَضتُ وراءَ رجالٍ كَالزئبقِ لا ملامح لهم.
جامَعْتُ مَن مَلمَسُهم كَحلزونٍ تمرَّغ بملحِ الارض
ووَقَفتُ بِثباتٍ أَحضُنُ هَوائِيَةً نفسٍ مضطربة.

# زَفيف

وَصَلتُ الى حَلقةِ ضَجيجهم وبِخفةٍ قَفَزتُ الى قلبِ
عاصفتِهم
اِرتَفَعَتْ كؤوسَهُم ورَفَعوا النَخبَ بإسمي وأَسرَفوا
دُعِيْتُ الى عالمهم مِظلةً تَقيهِم من جهنمِهم اليوميّ
ولكيّ أُحَرِرَ جناحيَّ من قوقعةِ الكريستال كانَ عليَّ
أن أَفقِدَ بَصري
الهواءُ المنعشُ قَطَّعَني إرباً وضوءُ الشمسِ أَحرقَني
نسمةٌ عليلةٌ نَشرَتْ رَمادي عَلقَماً سُكَّرياً يَقتاتُ
النحلُ عليه.

# مَسَّرَة

يَزحَفُ الضوءُ كلَّ يومٍ رَغماً عني
حتى العصافيرُ تُغَرِدُ قَبْلَ رحيلها عن شتاءٍ يَزحَفُ
بِبطء.

# مَدى

أحْتاجُ مساحاتٍ لأَتمدَّدَ وأُعْنى بتفاصيلٍ
مثلَ حُبّي لموسيقى الناي
شَغَفي بِتمايلِ شجرِ الحور
تَوقي لِلتحليق بعيداً
شوقي لأَماكنَ لم آلفْها بَعد
أحلام يقظةٍ تَسرِقُني
التكلم مع قَريني
وحُزني حين يَفيض.

# أَبواب

أَفتَحُ بابَ غرفتي وحديقتي
أَفتَحُ بابَ قلبي وجسدي
وأبواباً خِلْتُها مُقفَلَة
عيني تَقْطُفُ المدى، تَرقُص مُنتَشِيَه
يَتَدلى شعري على جبهتي وكتفي.
أنا جاهزةٌ لِلَمسِ والتقبيلِ والضم
للسباحةِ والغَرَق
مَسامي تَنْضَحُ، قَلبي يَخفُق
تَثورُ الارضُ بِبراكينِها ويُنيرُ البرق لَيْلي.
يَتَدَفَقُ النَهرُ ويَنْسابُ قلبي في تَوْقِهِ الى البحر.

# جَذَل

فَرِحَةٌ أنتِ
يقولون ولا يدرون أنّ بِطانةَ الفرحِ شجون.
كيف لا يَنضُب إنائُكِ من الغِبطة؟
يقولون ولا يدرون أَن بَهجتي حُزنٌ معتق.

# ضَوْء

لم تَهدأ روحي يوماً وأنا بين الناس وقضَّ مضجعي لقاءَهم وحتى ضحكاتِهم بَدت لي غير مريحة، الشكُ في تكويني، شَككتُ حتى بوالدي الذي يُحبنا ويضربُنا وأمي التي تُخفي بُكاءَها المكتوم ومع الشكِ نما لديَّ الخوف وكانَ لزاماً عليّ أن أخرج الى العالم وهكذا طورتُ قِناعاً لابتسامةٍ دائمة.

مع الزمن كان الشكُ يترَسّخ فيَّ ويُزهر أشواكاً إلى أن التقيتُهُ يوماً، رجلٌ يسكنُ الاضطراب عينيه، كان هو صورتي علناً ونِصفيَ الآخر، معاً ومع الشك الذي حصدناه أقمنا في بيت ونجحنا في دَفعِ من حاول اختراقَ عزلتِنا وذاتَ صباح ذهبتُ لإجراء فحصٍ روتيني وبعدَ ستةِ أشهر رحلتُ عن الحياة.

ما كانَ يؤرِقُني في تلكَ الفترة ماذا سيفعلُ من دوني؟ لذا كان عليَّ أن أعودَ من بعد الرحيل وفي محاولتي الاولى طالني رادار الأرواح الهائمة قبلَ أن أصل إلى مدخلِ البيت وأعادني. عدتُ إلى عالمي الآخر بروحٍ تتمزقُ شكّاً وريبة.

فيما بعد الرحيل وصل آخرون مثلي وتألقوا في صورٍ مختلفة ليعودوا الى الحياة الدنيوية أحدُهم صار شلاّلاً وآخر ذرة مترامية في أشعة الشمس - عرفتُ حينذاك أنَّ تلك البقع من الضوء على جدران غرفة نومنا في الطفولة كانت أرواحاً طيبة تلتمس الحياة.

أخذتني ربّةُ الأشياء المهملة في جولةٍ معها وأَسَرَّت إليَّ أن الموتَ لا يحدثُ مطلقاً وأثناء حديثِها غفوتُ لحظةً وحين استيقظتُ كُنْتُ ورقةَ شجرةٍ بألوانٍ خريفية أكلَ الدود بعضاً منها، لَفَتَني صوتُ طفل حملني في يده وصرخَ:

- ماما انظُري ماذا وجدتْ؟ أليست جميلة؟

(يظنُ أنني جميلة) ثم رفعني إلى مصدر الضوء ورماني في الهواء وقال: طيري وتابعا المسير.

أخذَتْني نسمةٌ خريفيةٌ وطارتْ بي.

أُحَلّقُ الآنَ بخفةِ ورقةِ خريفٍ أكلَ الدودُ بعضاً منها.

# حَريرٌ ورَذاذ

# أُناديكَ فَيرْتَّدُ الصَوت

لِمَ يولدُ الطفلُ قمحةً عاقرة؟
لِم تَغفُ في مهدها تنهيدةُ رجلٍ لحبِ امرأة؟
ويقتاتُ الجرادُ عيوناً تصطادُ فرحاً.
لِم؟
يموتُ الزهرُ في الربيع
ويتألقُ الموتُ في الحنين
يَتلوى الزنبقُ في صمتٍ جليل
وينتحرُ الوردُ متأثراً بجراحِ شوكِه

ماضٍ يغرغرُ في الخطاباتِ والتأويل
مستقبلٌ فقدَ حِلَّتَهُ في ذاكرةِ الجنين
حاضرٌ متعبٌ من كلِّ الغبارِ والتحديق
يأتي أو لا يأتي الغزاةُ لا فرق.

طينٌ يَتناثَرُ على الفساتين الملونة
وطنٌ يحملُ الغبار إلى الصدرِ ويخنقُ اللهفة
ويخلقُ أشخاصاً غرباء يبصمونَ الجوازاتِ في المطارات.
في حارةِ اِلتَوَت وتَعَرَجَت من همسِ التنهدات
تحملُ حجارتها المرصوصة أقدامَ الجدات والاحفاد

تتناثر كلماتُ شوقٍ حين تمرُ بناتُ المدرسةِ وخلفهم الصبيان.
ودراجاتٌ تحملُ وجبات الغداء الى بائعي الصوفِ والذهبِ والقماش.

في بيتٍ مازالَ يعبقُ بزهرِ الياسمين والليمون
وبِركَةٌ مازالت نافورتها تتدفق.
نملةٌ تجرُ فتاتَ سندويشة الزيتِ والزعتر
أقدامٌ انتعشت بعدَ شطفِ الدار
والقهوةُ التي نضجت على النار

وتلك العروضُ من شباكِ غرفتنا الشتوية:
الجنائزُ المنظمة وزمامير سياراتِ تَزُّف العروس الى الكاتدرائية،
الكشافةُ في عيدِ الفصحِ تُطّبِل وتُزَّمِر
والأطفال في عيدِ الفطرِ فرحين
وبنات اليهود يوم السبتِ بملابس بهية.

بائعُ الشمندر في الليلِ الشتائيّ مع القنديل يَترنم.

الرجلُ الطويل بِسَّوطِه الجميل يوقظُ عفاريتَ القطن فَتُهَفهِف متطايرة في الأجواء ثم تتَكَبكَب فراشاً دافئاً.

سليم السنكري يَنفضُ البابور*، يُلمّعه كمِرآة ولدِت لِتوها ويرتدي السخام بدلته الزرقاء.

أحاولُ أن أستعيدَ أناملاً ارتجفت تلمسُ العذراءَ في الايقونة.

أحاول أن أستعيدَ عيوناً زارت دقائقَ وتفاصيلَ بيت دمشقي.

تتلونُ الحارةُ والبيوتُ والناسُ مع الاعيادِ، مع الحروبِ واللاجئين.

هل اختفى ذلك الوطنُ المزينُ بالطقسِ الجميلِ في شرنقةِ الطفولة؟

أم بقيَ صامتاً يتأججُ كَبركانٍ خامد؟

*بابور: المواقد التي تعمل على الكاز

# حيثُ رَوَتْ دُموعي تَأَلُق ضَحِكاتي

اِحْملني وطِرْ بي إلى هناك
حيث نمت طفولتي وأَزهرتْ آمالي
حيث رَوَت دموعي تأَلق ضحكاتي
حيث اِخضرتْ تربةُ الحقل
وخَجلتْ السماء من تمايل الصفصاف
اِحْملني وطِرْ بي إلى هناك
كي أطلبَ السماحَ من روح أمي وغضبِ أبي
فما عادتْ تنفع نسخة الكربون عن بلدي لإرواءِ
حنيني
هي وحدها قُربُها يَداويني، رَحَلَتْ بهدوء ولم
تنتظرْني
ورَحَلْتُ أنا أيضاً عنكِ وعن الوطنِ يا أمي
رَحَلْتُ لأن الأولادَ يكبرون ويرحلون ويبقى الاهلُ
لحمايةِ الدار
وحين تجتاحُني وَحدَةٌ يتيمة في هذا العالمِ الواسع
تُجفِفُ تلك الذكريات الدافئة دموعي وتَلمسُني
بِحنان.

## أتَذْكُرُني؟

أتَذْكُرُني؟ صغيرةً غنيتُ النشيدَ الوطني
مراهقة بكيتُ حين قَصَّت البنتُ شعرَها وقدمتْه
لفلسطين المقاومة
طالبة مشَيتُ في مسيراتٍ طويلة أَرهقتْ قدماي
الصغيرتين
وامرأة رَقصتْ في كلّ عرس أَقامه أولادك.
أين كُنْتَ حين أخذوا صديقي واِبنته ماتزال في
المهد
وأعادوه لها في يومِ عرسِها لتدفنَه؟

أحبُكَ حباً لا يُجدي نفعاً
أحبُكَ أيها الوطنُ الجميل في الحلم
أحبُكَ أيها الوطن الحزين المغطى بِقيوح
أحبُكَ وليس في حوزتي إلا مَسبَحَةُ الأوجاع
تَركتُ الربَّ في كنيسةِ "المريمية"
ولكنَه هَجرَ مدينتي منذ زمن بعيد.

# كُنْتُ

كُنْتُ فراشةً تطيرُ في الهواء
كتاباً غارقاً في التفاصيلِ الدقيقةِ
غيمةً تشردُ عن الاخريات لِبُرهَة.
سُرعةً تجتازُ المسافةَ بين البيتِ وحقلِ
الامكانياتِ المستحيلة
عيوناً تجول في خفايا خزانةِ بيتِ الجيران
آذاناً ترهفُ السمعَ لِصراخ الفلاحةِ حين
فاجأها الطلق
فماً يَشدْه للعالم ويُطبِقُ صامتاً حين يَد
الصبي لمسَتْه
أيدي تُصَفِقُ في الحفلةِ وتحضُنُ الطفل
مِئزَراً مُزيناً بِكلّ زَخرَفات الليوان وزينة
العيد
وكنت أيضاً أنفاً مليئاً بِعَبقِ اللحظةِ
وطِرتُ وصِرت شجرةً تظللُ الجنينَ وصريراً يَئِن
في الليل
ثمَّ هبطتُ الى رحم الارض حتى جاءَ نهارٌ وناداني
هَروَلتُ...
وحين فُتِحَ المسَام...
رَفرَفَت روحي وعَبْرتُ ...

# فراشاتي

فراشاتي، فراشاتُ حَريرٍ ورَذاذ
فراشاتٌ مَشْغولةٌ بِنَسْجِ فَرحٍ من صِبّغيّاتِ الوردِ الجوري
فراشاتٌ تمنحني منديلاً يمسَحُ شلالَ دمٍ في مدينة طفولتي.

# مالَم تُخْبِرُني

مالم تُخبِرُني عن الوطن
بأن القهرَ سيحصدُ الناس إن فاتَهم الموت
والمرضَ قد يفتُكُ بهم إن فاتَهم الجنون
بأن عَبثية القتل تَنفُثُ سمومَها رويداً
ولقاحَ الدمارِ سيُغرَزُ في الطفولة الوليدة
بأن أبناء هذا الوطن يَتكاثرون بِكَرمٍ في حقولِ الموت
ياسمينُ أرواحِهم الفَتيّة تَعبَقُ كالبخورِ.

# أَضَعْتُ الوَطَن

رَوائحُ الغبارِ والنتنِ تملأُ خياشيمي
الرؤيةُ كدرة ولا بوصلة عندي
الأصواتُ عالية ومخرشه
ضجةُ اِرتجاجِ الجمجمة
ودَقِّ الجلد بمضرب السجادة لإفراغِه من غبار الحياة.
صُراخُ المطحونين تمزِقُ حرائرَ الوجدان
عيوننا تَشهَدُ بقايا مدينةٍ وأشلاءَ رقصة.
ضميرنا اِقْتلعَ عينيه.
أَتقيَئُ ويَخرجُ مني جرذ من الأحقاد وقِرد من التفاهات
أجلسُ خاوية من كل الاحتمالات وأستَلقي في سُبات.

# ناسُ البَلد

أَولَئكَ المتعبون...
في أحلامِ غيبوبتهم يتَألَقُ نجمٌ
نجمٌ يُذيبُ آلامَهم ويمسحُ وجوهَهم بِلطف.
يَحمِلُ حكايةَ دموعِهم وتضاريسَ وجوهِهم.
نجمُ رايةٍ مُطرزةٍ بمخزونِ حبٍ من صندوقِ
ذاكرتِهم
نجمٌ من قوسِ قزحٍ يحملُ خبزاً وحدائق وألعاب.

# مع الشكر الجزيل

### الفنانة ملك مرقدة
تنقيح النصوص.

### أنطوني لين
تصميم الكتاب

Anthony Lane

anthonylane13@protonmail.com

### الأعزاء:
السيدة أهيلة شومار
السيدة ايمان النهراوي
الأستاذ د. بطرس الحلاق
السيدة ماري مالو


najibamracadeh.com